Alfred Fouillée

La Psychologie des sexes et ses fondements physiologiques

Essai

ISBN : 978-1545406212

10 9 8 7 6 5 4 3 2 1

Alfred Fouillée

La Psychologie des sexes et ses fondements physiologiques

Essai

Table de Matières

Introduction

« Les âmes n'ont point de sexe, » a-t-on dit. Ce serait vrai, peut-être, si nous étions de purs esprits. Encore les théologiens ont-ils disserté pour savoir si les anges n'étaient point de sexes différents. Quant à nous, qui vivons sur terre, notre caractère reçoit nécessairement son empreinte de notre organisme, qui lui-même reçoit du sexe sa première direction. Dans les problèmes psychologiques, moraux et sociaux que soulève le rapport des sexes, on a presque toujours négligé les considérations biologiques, qui seules, cependant, nous semblent éclairer tout le reste. Novateurs et conservateurs ont raisonné, — ou déraisonné, — comme si le fait même du sexe n'existait pas. Ils se sont trop contentés, en général, d'une sorte de sentimentalisme, soit pour, soit contre la femme. Aux yeux des uns, la femme semble être encore, comme pour les théologiens et pères de l'église, une créature inférieure, cause du péché originel, « plus amère que la mort, » « porte de l'enfer, » « chemin de l'iniquité, » « sentinelle de Lucifer, » « dard du scorpion, » « tænia du cœur humain, » « vase d'impureté ; » ce sont des litanies à rebours. Dans leur dédain du « sexe faible, » ils auraient volontiers, comme les tribus indiennes, un oui pour les hommes et un oui différent pour les femmes. Selon d'autres, au contraire, la femme est une créature supérieure, à qui s'appliquent les vraies litanies de la Vierge-mère : siège de sapience, miroir de la justice, vase d'élection, porte du ciel, etc. Ceux mêmes qui, comme Michelet et Proudhon, se sont préoccupés du point de vue physiologique ont été si incomplets, ils ont mêlé à la science encore insuffisante de leur époque tant d'imaginations poétiques ou romanesques, que la vraie et naturelle relation des sexes n'en est guère éclairée.

Quant aux « anthropologistes, » ils n'ont vu là, trop souvent, qu'une affaire de « force musculaire » et de « poids du cerveau. » Il y a bien d'autres éléments qui doivent entrer en ligne de compte. Le dynamomètre, la balance et le crâniomètre sont des instruments un peu trop simples : l'esprit ne se mesure pas au poids. Quel est un des plus petits crânes connus ? Celui de Voltaire. Mais un monde peut tenir dans une coque de noix.

En ces derniers temps, les biologistes ont introduit dans le problème des éléments de haute valeur, qui peuvent mieux faire saisir l'opposition et l'harmonie des deux sexes, en permettant de caractériser par des traits précis leur constitution physique et mentale. Depuis deux ans surtout, les idées relatives à la propagation de l'espèce et à l'apport exact de chaque sexe ont fait un pas si décisif, que les biologistes considèrent comme étant désormais connus les actes essentiels de la fécondation. Plusieurs savants français ont l'honneur d'avoir contribué à ces résultats, dont la portée n'est pas seulement physiologique, mais encore philosophique. S'il est vrai que la morale et la science sociale doivent « suivre la nature, » non pour accepter la réalité telle qu'elle est, mais pour ne pas s'égarer à l'opposé de l'idéal qu'il est possible d'atteindre, il en résulte qu'on ne saurait demeurer indifférent aux grandes conclusions de l'histoire naturelle sur la genèse, les caractères et le rôle des sexes dans le développement de la vie. Les différences physiques et mentales entre l'homme et la femme peuvent être ou exagérées ou diminuées par l'éducation, par les mœurs, par les lois ; mais, pour les oblitérer entièrement, il faudrait, comme disent MM. Geddes et Thomson, « recommencer l'évolution sur une base nouvelle. » Ce qui a été décidé chez les protozoaires préhistoriques ne peut être annulé par un acte du parlement. On nous permettra donc, pour ne pas nous tenir dans de simples généralités littéraires qui peuvent servir d'arguments aux thèses les plus opposées, d'aborder la question par son côté purement scientifique. Nous devons pour cela remonter jusqu'aux origines mêmes de la génération sexuée, qui ont d'ailleurs autant d'intérêt que d'importance : c'est ici que la vraie méthode prescrit de reprendre la question *ab ovo*.

Section I

Le sexe masculin s'est décerné à lui-même la palme de « supériorité; » ce qui était inévitable au temps où la force corporelle était la force supérieure. Dès l'antiquité, philosophes et savants ont soutenu que la femme était un homme non développé, et cette opinion s'est perpétuée jusqu'à nos jours. La théorie de la sélection sexuelle, telle que l'a présentée Darwin, présuppose encore dans la ligne masculine une « supériorité, » un « droit d'héritage. » Pour Spencer, le développement de la femme est arrêté de bonne heure par les fonctions de la procréation, de la gestation, de la lactation. Bref, a-t-on dit, l'homme de Darwin est une femme qui a achevé son évolution, et la femme de Spencer est un homme dont l'évolution a été arrêtée. Velpeau, lui, considérait les femelles comme étant dégénérées d'une masculinité primitive. Toutes ces idées sont aujourd'hui reconnues fausses. Les récentes découvertes ont mis hors de doute ce que les naturalistes appellent l'absolue « identité de valeur des éléments masculin et féminin » dans la propagation de l'espèce. On a même démontré que l'embryon reçoit une portion mathématiquement égale de substance paternelle et de substance maternelle, que les deux capitaux de vie primitifs sont de tout point équivalents et complémentaires ; ce qui explique matériellement les faits d'hérédité.

Au début de la vie sur le globe, les premiers êtres se reproduisaient simplement par division : chaque moitié du parent devenait un rejeton, identique au parent lui-même. C'était le triomphe de l'hérédité sans mélange. Tout le monde connaît la reproduction par division artificielle, les boutures et marcottes, par exemple, qui s'opèrent sans nouvelle union de sexes. Les saules pleureurs, dit M. Geddes, ne sont pas rares en Angleterre ; cependant, comme ils n'y fleurissent jamais, ils ont tous dû venir de boutures, par multiplications « asexuelles. » Les hydres, les vers de terre coupés en morceaux reproduisent le tout. Chez les protozoaires, la multiplication commence par une rupture presque mécanique : la masse élémentaire du protoplasme, devenant trop grosse, se brise ; de la sorte, elle se sauve et se multiplie tout à la fois.

Tant que dura ce mode de reproduction par simple division, il n'y avait guère de progrès possible : le nouvel être n'était qu'un morceau du générateur, qui en reproduisait forcément les particularités. De nos jours, les jardiniers veulent-ils conserver intacte une variété de plante remarquable, ils n'ont pas recours à la reproduction sexuelle par graines, qui mélangerait les caractères de la plante élue à ceux des plantes ordinaires ; ils ont recours à la reproduction asexuelle par bouture, qui donne des sujets identiques au *pied* dont ils sont sortis [1]. Les combinaisons nouvelles, les sélections de toutes sortes, les variations et les progrès ont été introduits par la séparation des sexes. Si les lettres de l'alphabet se reproduisaient par simple division, l'*a* produirait des *a,* le *b* produirait des *b* ; mais, sans mariages de lettres, on n'obtiendrait jamais l'*Iliade* ou l'*Odyssée*.

Pour entrevoir comment la séparation des sexes a pu se produire, il faut se rappeler que chacune des deux grandes fonctions de la vie, nutrition et reproduction, implique, au sein même du tissu vivant, des changements de deux sortes et en sens inverse, les uns intégrateurs et les autres désintégrateurs, les premiers constituant une recette, les autres une dépense [2]. Ce sont les deux oscillations du pendule de la vie. Dans la nutrition, il y a d'abord recette ou assimilation, puis dépense ou désassimilation, et selon qu'un des courants l'emporte, on a un tempérament d'épargne ou un tempérament dépensier ; l'un où prévaut la montée de la vie, l'autre où prévaut la direction descendante qui aboutit à l'activité musculaire ou cérébrale. Pour la reproduction de l'espèce, il est également nécessaire, d'une part, d'accumuler les matériaux de l'existence destinée à un autre être ; d'autre part, de les séparer de soi et de faire ainsi une dépense de sa propre substance au profit d'autrui. Mais ces deux fonctions, quoique solidaires, peuvent être cependant en proportions diverses, et c'est, d'après l'hypothèse la plus probable, ce qui a produit la distinction des sexes, entre lesquelles elles se sont partagées.

M. Geddes suppose, dans une cellule analogue aux amibes, et qui présentait d'abord l'équilibre du revenu et de la dépense, un excédent prolongé des changements assimilatifs sur les désassimilatifs ; le résultat sera nécessairement une croissance de volume, une réduction d'énergie actuelle et de mouvement, une augmentation d'énergie potentielle et de matière nutritive en réserve. Les irrégularités de contours tendront à disparaître et, la tension superficielle aidant, la cellule acquerra une forme sphéroïdale. Le résultat, très intelligible assurément, se rapprochera de l'œuf, « gros et immobile. » Partez encore d'une cellule d'abord équilibrée, mais en supposant que la dépense y prédomine sur l'acquisition : la mise en liberté croissante d'énergie motrice devra trouver son expression au dehors dans un accroissement de mobilité et dans une diminution de volume ; les cellules les plus actives se modifieront dans leur forme pour être aptes à passer au travers du fluide environnant ; elles s'allongeront en forme de fouet, présentant une sorte de tête et de queue pointue. La polarité féminine ou masculine serait donc, à l'origine, déterminée par la tendance à la conservation ou la tendance à la dépense.

Après un certain nombre de divisions, dont les dernières se font coup sur coup, les éléments masculin et féminin finissent par être réduits chacun à un demi-noyau, qui a besoin d'être complété par l'autre pour se développer. Et ces deux demi-noyaux conservent la polarisation différente qui, chez l'élément féminin, aspire à l'intégration, chez l'élément masculin, à la désintégration.

L'œuf, volumineux, bien nourri et passif, est l'expression cellulaire du tempérament caractéristique de la mère ; le volume moindre, l'aspect originairement moins nourri et l'activité prépondérante du père sont résumés dans l'élément masculin. L'œuf est une des plus grosses cellules, l'élément masculin est la plus petite de toutes. L'œuf renferme dans son protoplasme une provision de nourriture, ou vitellus, destinée à l'embryon ; la fabrication du vitellus constitue même, pour l'organisme maternel, une dépense intérieure considérable. Cette réserve alimentaire de l'œuf, avec les membranes d'enveloppe qui y sont si souvent prédominantes, fait défaut dans l'élément masculin, presque réduit à son demi-noyau actif et remuant. Il est comparable à une monade, à un infusoire à fouet, très pauvre en substance cellulaire. Son énergie locomotrice est extrême ; il se meut activement dans la plupart des animaux et dans beaucoup de plantes ; c'est comme « une matière de protoplasme explosif, » qui, dès que le stimulant nécessaire se présente, part avec une extraordinaire vivacité.

Non moins remarquable est sa puissance d'endurance, analogue à celle des monades et de ces bacilles qui font aujourd'hui le désespoir de la médecine. Il supporte les variations les plus extrêmes de la température ; il garde sa vitalité féconde pendant des mois et, chez certains animaux, comme les abeilles, pendant des années. Cette endurance lui permet d'aller sans danger à la recherche de l'œuf en traversant des milieux qui seraient nuisibles à celui-ci, ou d'attendre, dans des circonstances parfois défavorables, que l'œuf ait atteint sa maturité. Suivant Rolph, cet « affamé, » recherche l'œuf, grand et bien nourri, dans le dessein de la conjugaison : — « dessein pour lequel l'œuf, précisément parce qu'il est plus grand et mieux alimenté, a pour sa part moins d'inclination. » L'initiative vient donc de l'élément masculin, qui, de plus, dans les diverses espèces, est beaucoup plus nombreux. Ces faits, presque aussi

Alfred Fouillée

vieux que la terre, font pressentir bien des différences entre les caractères masculin et féminin. C'est déjà la force motrice, l'activité entreprenante et la recherche aventureuse qui caractérisent l'élément masculin, ce qui suppose bien que la vie a pris ici la direction de la dépense extérieure, non de l'accumulation interne.

Aussi voyons-nous qu'une nourriture insuffisante, en déterminant cette direction dépensière de la vie, tend à produire des individus du sexe masculin. La nutrition est un des facteurs les plus importants pour déterminer le sexe ; et bien loin que le sexe féminin résulte d'un arrêt de développement, ce sont au contraire les conditions nutritives les plus favorables qui le déterminent [3].

En résumé, au seuil même de la vie animale et végétale, nous voyons qu'une petite cellule active, incomplète, incapable de se développer seule avec son demi-noyau, s'associe à une cellule constituant un individu plus nourri et plus tranquille, mais ayant d'ailleurs elle-même besoin d'être complétée. Voilà, dès le début, le contraste entre les sexes.

M. Armand Sabatier avait déjà trouvé que le caractère de l'élément féminin est la concentration, l'unification, la cohésion : cet élément tend à rester un et à ne pas se fragmenter, à ne pas se sectionner, tant qu'il est livré à lui-même. Le caractère de l'élément masculin est au contraire « un rôle de division, de dispersion. » Et M. Sabatier faisait à ce propos un rapprochement plein d'intérêt : dans cette fonction d'élément centrifuge, mobile et chercheur, ne reconnaît-on pas déjà ce que l'on peut appeler « l'extériorité du sexe masculin, » c'est-à-dire sa « tendance générale à la vie active, voyageuse et extérieure ? » Au contraire, voyez l'état d'immobilité relative, le caractère de concentration et d'intégration qui marque l'élément féminin ; n'y reconnaissez-vous pas déjà ce caractère d'intimité, d'intériorité, d'union, qui distingue la mère et qui fait d'elle la créatrice du nid, du foyer ? « L'*indépendance* est le propre du sexe et de l'élément masculins ; la *solidarité* appartient au sexe et à l'élément féminins. »

Section II

Passez des germes aux animaux développés, vous reconnaîtrez

encore, sur toute l'échelle, que les mâles ont des habitudes plus actives, tandis que les femelles en ont de plus passives ; que, sauf des exceptions dont nous parlerons tout à l'heure, les mâles tendent originairement et par nature à être plus petits ; qu'ils ont une température plus élevée et se consument plus vite ; que les femelles sont d'ordinaire plus grosses, d'une température moindre et vivent plus longtemps. La femelle de l'insecte qui donne la cochenille, chargée de produits de réserve sous la forme du pigment rouge bien connu, passe la plus grande partie de sa vie comme une simple galle, immobile sur le cactus. Le mâle, au contraire, à l'état adulte, est agile, toujours en mouvement, et il a la vie courte. Le mâle adulte de l'ascaride appelé *heterodora Schachtii*, qui infeste le navet, est agile, tandis que la femelle est toujours au repos et bouffie. Dans l'ordre des strepsiptères, les femelles parasitaires aveugles sont complètement passives et ressemblent à des larves ; les mâles sont libres, ailés, et vivent peu. Chez les insectes, les mâles se distinguent le plus souvent par des couleurs plus brillantes, par des armes utilisées pour vaincre leurs rivaux et par la faculté exclusive de pousser leurs bruyants appels d'amour. Aussi les Grecs disaient-ils ironiquement que les mâles des cigales vivent heureux, « ayant des femmes privées de voix. » Chez les oiseaux, les mâles ont des couleurs et des ornements qui éclatent, des armes contre leurs rivaux ; voyez la différence entre les magnifiques oiseaux de paradis mâles et leurs modestes femelles, entre la queue du paon et le plumage uni de la paonne, entre le chant du rossignol et la voix de sa compagne. Parmi les mammifères, rappelez-vous la crinière des lions, les cornes des antilopes, des béliers, des taureaux, etc. Chez les oiseaux et les mammifères, les mâles sont d'ordinaire plus grands que les femelles : c'est parce qu'ils ont les os et les muscles plus forts ; et ils les ont plus forts parce qu'ils ont été développés par une activité extérieure plus grande. Ils doivent, en effet, exercer cette activité pendant que la femelle est empêchée par l'incubation ou la gestation. En outre, leur race a été fortifiée par les combats entre mâles, tandis que les femelles des animaux supérieurs sont affaiblies par le sacrifice maternel croissant de la gestation, de la parturition, de la lactation, des soins aux jeunes, etc.

Darwin et Spencer ont voulu expliquer toutes ces différences physiques par la « sélection sexuelle, » qui a dû faire préférer,

de gré ou de force, les mâles les plus robustes et les plus agiles. Mais cette explication est incomplète. La force et l'agilité ne sont pas seulement une adaptation ultérieure ; elles sont un trait primordial de l'activité masculine. C'est un déterminisme interne, non externe, qui produit entre le mâle et la femelle la division des fonctions pour la perpétuité de la vie et de l'espèce, par cela même les caractères « primaires » des deux sexes.

De même pour ce qu'on appelle les caractères sexuels secondaires : ornementation, moyens de défense, etc. Wallace, dans son livre important sur *le Darwinisme*, discute les phénomènes d'ornementation masculine et montre qu'ils peuvent s'expliquer par « les lois générales de la croissance et du développement. » Or, si les ornements sont le produit naturel, le résultat direct de la santé et de la vigueur surabondantes, il n'est plus besoin ici de la sélection darwiniste pour expliquer la présence de ces ornements. Inutile d'appeler à notre aide une cause aussi hypothétique que « l'action accumulée de la préférence des femelles. » Considérez d'ailleurs les bigarrures si compliquées de l'oiseau ou de l'insecte mâle, et les lentes gradations d'une variété à l'autre, vous jugerez bien difficile d'accorder à des oiseaux ou à des papillons un degré de développement esthétique qui est rare, même parmi les êtres humains. L'explication de Darwin supposerait chez les animaux une sensibilité esthétique par trop subtile. L'éclat du coloris, l'exubérance du poil et des plumes, et même le développement des armes sont avant tout, dans leur origine, des « affleurements de la constitution masculine [4]. » Par exemple, le pigment coloré étant un produit de désassimilation et de combustion, sorte de cendre brillante, une plus grande richesse de coloris ne fait que manifester une activité prédominante des échanges chimiques, aboutissant à une désassimilation intense. Les couleurs brillantes sont donc, d'ordinaire, le tempérament devenu visible. Dans un sens littéral, dit M. Geddes, « c'est pour la cendre que les animaux se parent de beauté, » et les mâles le font davantage parce qu'ils sont mâles, non par aucune autre raison. D'où suit cet apparent paradoxe, ou plutôt cette vérité profonde, que tous les caractères sexuels appelés secondaires sont, au fond, primaires, puisqu'ils expriment le même tempérament général qui, dans un cas, a eu pour résultat la production des éléments masculins, dans l'autre, celle des éléments féminins. Chez les lucioles, les lueurs semblent d'abord de couleur identique et d'intensité à peu près égale ; cependant, avec plus d'attention, on reconnaît que la lueur jetée par le mâle est plus intense, et surtout que le rythme de la lumière est plus rapide, les éclairs plus courts ; chez la femelle, la lumière est plus durable, les éclairs plus éloignés et plus vacillants. Vous avez là l'indication sensible des contrastes que présente la physiologie des deux sexes.

Lorsque les sexes se sont différenciés, chacun d'eux a eu sa fonction dominante. Le sexe féminin a représenté principalement la conservation de l'espèce et de sa structure typique, qu'il a été spécialement chargé de perpétuer. L'autre sexe a représenté surtout les forces de changement. Toute variation commence par être individuelle : elle est une originalité, une excentricité de l'individu par rapport à l'espèce ; elle suppose un écart du type, donc un mouvement plus actif et plus personnel de la vie, une transformation de l'énergie en formes ou en actions nouvelles. Là où domine l'activité de dépense, les permutations de molécules qui constituent ce que les physiologistes appellent une « variation d'organes ou de fonctions » sont nécessairement plus probables ; elles le sont moins chez les femelles passives et au repos. De fait, l'expérience prouve que les mâles sont plus novateurs et plus inventeurs, soit au physique, par la plus grande variation de leurs formes, soit au moral, par la plus grande variation de leurs idées et de leurs sentiments. Il en résulte une conséquence très importante pour l'évolution des espèces. Ce sont les mâles qui ont eu le rôle d'introduire et de transmettre à la descendance la majorité des variations. L'étude des pigeons domestiques, par exemple, montre, d'après les expériences de Brooks, que le mâle a le pas sur la femelle pour déterminer la production de variétés nouvelles. Ces variétés apparaissent presque toujours chez les mâles et se transmettent par eux : or l'éleveur, ici, ne laisse pas aux femelles le soin de choisir ; ce n'est donc pas, comme le prétend Darwin, la « sélection » sexuelle, mais la constitution même du mâle qui fait que ses variations sont et plus fréquentes et plus transmissibles. Brooks conclut : « Nous considérons les cellules mâles comme étant l'origine de la plupart des changements par lesquels l'espèce est arrivée à son organisation actuelle. » C'est le mâle qui marche en tête, la femelle qui suit dans la transformation des races. Toutefois, ajoute M. Geddes, dans les progrès qui eurent pour première origine « le sacrifice reproducteur et l'amour, » les femelles ont « l'honneur d'avoir ouvert le chemin. » D'une manière générale, l'élément féminin représente donc dans l'histoire des espèces animales le principe de l'unité ; le masculin, celui de la multiplicité. L'un est la tradition spécifique, l'autre est l'innovation personnelle. Les deux sont également nécessaires : point de progrès possible sans les forces qui conservent et sans les forces qui modifient.

Les divergences sexuelles sont d'autant plus marquées qu'on s'élève davantage dans l'échelle de l'évolution. C'est donc dans les races humaines et dans les individus humains les plus développés qu'on peut lire le mieux les traits physiologiques qui séparent les sexes. Le tempérament d'épargne se manifeste clairement chez la femme par des signes bien connus : rondeur des tissus, activité moindre des échanges moléculaires, d'où résulte une faim moindre, ainsi qu'une moindre puissance digestive. Le développement de la poitrine, du bassin et des hanches, où les lignes courbes et ovales prédominent, est une conséquence nécessaire d'un tempérament en prédominance de nutrition et destiné lui-même à la nutrition de l'espèce. Ce développement, en donnant le dernier trait à la beauté de la femme, lui ôte en même temps l'agilité. Les anciens poètes ont fait d'Atalante, de Camille, des femmes légères à la course ; on leur a répondu que la rapidité de la femme, sinon de la jeune fille, est chose impossible : la femme porte proportionnellement, diraient les physiciens, plus de « poids mort. » Mais ce prétendu poids « mort, » c'est ce qui alimentera la vie des générations.

Le tempérament d'épargne entraîne encore, chez la femme, la prédominance des fonctions de la vie végétative et viscérale. C'est, en effet, aux viscères que les fonctions de réparation et de construction physiologique sont principalement dévolues : élaboration du sang, circulation, purification du sang par la respiration, etc. Enfin il y a des viscères qui ont pour objet la nutrition même de la race et dont l'importance est notoire dans la vie féminine. En vertu du même tempérament, le système nerveux de la femme est plus développé dans les ganglions qui président à la vie végétative et sensitive ; il est moins développé dans les centres qui président plus spécialement au travail musculaire et au travail cérébral. Il faut bien que la femme, pour faire face aux dépenses de la maternité, fasse réserve de forces vitales. Qu'est-ce que la dépense demandée à l'homme pour l'espèce ? Bien peu de chose. Chez la femme, au contraire, cette dépense sera considérable et prolongée. Aussi, dès que la femme atteint l'âge où elle peut être mère, elle subit déjà des crises périodiques en vue de la future nutrition de l'enfant et doit, à chaque fois, abandonner une partie de sa substance. Plus tard, pour la gestation, pour l'enfantement, pour l'allaitement, puis pour l'éducation première de l'enfant, quelle série de sacrifices physiologiques et moraux, exigeant une énorme réserve de forces ! C'est la raison pour laquelle l'évolution individuelle est plus précoce chez la femme, et aussi plus vite ralentie, parfois même arrêtée. Mais la femme, quand sa croissance personnelle est finie, continue de croître dans la personne de ses enfants ; leur vie est, au pied de la lettre, le prolongement de la sienne. La femme n'est point enfermée dans son moi : elle déborde en autrui, elle est l'humanité visible. Est-ce là une « infériorité » ou une « supériorité ? » — C'est, en tout cas, une nécessité de constitution et de fonctions physiologiques, qui exige une nature autre que celle de l'homme.

Section III

L'explication des différences morales entre les sexes doit être également cherchée, selon nous, dans la direction générale de l'organisme. Passons en revue les traits psychologiques du caractère masculin, chez les animaux d'abord, puis dans l'espèce humaine, nous les verrons encore se déduire de la constitution même, non des hasards de la sélection naturelle ou sexuelle, qui ne fait que les accuser avec le temps et ajouter son action à celle des causes physiologiques.

L'activité extérieure suppose, parallèlement à la force de résistance physique, un certain courage psychique. Pour expliquer l'audace des mâles, Darwin et Spencer nous disent : — Les mâles ayant toujours combattu entre eux, et pour la nourriture et pour l'amour, les plus courageux ont dû l'emporter et ont ainsi perpétué le courage même dans leur sexe, avec le goût de la lutte. — Voilà qui est clair ; mais pourquoi les mâles combattaient-ils, tandis que les femelles ne combattaient pas ? Pourquoi ces deux rôles si différents, surtout dans l'amour ? Au reste, quand on dit que les femelles ont moins de courage, encore faut-il s'entendre et distinguer les cas. Le courage des mères pour protéger et défendre leurs petits est bien connu : les exemples en abondent à tous les degrés de l'échelle animale. Pour n'en rappeler qu'un, Bonnet fait le récit coloré d'un cas où une araignée, tombée à la merci d'un fourmi-lion, combattit pour sauver ses œufs aux dépens de sa propre vie. Mais, chez la femelle, le courage est d'ordre maternel, défensif, tourné vers l'intérieur, au service de l'espèce ; chez le mâle, il a une tout autre direction : il est agressif, tourné vers le dehors, au service de l'individu et de son indépendance.

Un autre trait de l'activité chez les mâles, c'est, comme on l'a vu, son caractère explosif et impatient. Ayant un besoin organique de dépense et de mouvement, ils sont semblables à des batteries chargées d'électricité. Et si leur activité est tumultueuse, elle est parfois peu durable. Du moins a-t-elle besoin d'intervalles de repos, qui lui donnent souvent un caractère de discontinuité. Au contraire, les femelles sont calmes et patientes ; leur persévérance ne se décourage pas. Loin de partir comme des ressorts, elles vont doucement et sans interruption à leur but. Darwin et Spencer ont encore voulu expliquer ces qualités psychiques des femelles par l'influence séculaire de la sélection, qui donnait plus de chances de survie aux êtres dont la persévérance compensait la faiblesse et qui, par leur douceur, désarmaient la force. Même dans l'humanité, on a voulu rendre compte de la patience féminine par la longue « oppression masculine. » Raisons superficielles. L'impatience des mâles et la patience des femelles sont « dans le sang, » inhérentes aux fonctions mêmes de l'un et de l'autre sexe. Depuis la femelle de l'oiseau, qui couve ses œufs pendant de si longs jours, jusqu'à la femme qui porte son enfant dans son sein et l'allaite pendant de si longs mois, patience et maternité ne font qu'un.

Le désir est de l'énergie qui demande à se dépenser dans une certaine direction, parce que la pente est plus grande de ce côté que de l'autre : un être aura d'autant plus de désirs, d'impulsions, de passions ardentes et tournées vers le dehors, qu'il aura plus de force à déployer, plus d'activité et de pouvoir moteur. C'est donc encore par une évolution naturelle que les tempéraments de dépense sont passionnés. Dans la lutte pour l'amour, disent Darwin et Spencer, ceux qui avaient le plus d'ardeur ont le mieux réussi à propager leur race ; nous l'accordons, mais la vraie cause en est avant tout constitutionnelle.

Un autre caractère des sentiments et des amours, c'est leur plus ou moins de constance. Or la constance suppose une tendance à intégrer et à conserver ; cette qualité sera donc, en général, plus développée chez les femelles. Les mâles ont d'ailleurs, nous l'avons vu, le rôle de chercher dans toutes les directions, — sans quoi ils ne trouveraient pas. Attribuer leur inconstance plus grande à ce que les plus changeants dans leurs amours ont multiplié les chances de propagation pour leur race, c'est de nouveau s'en tenir à des résultats extérieurs et remplacer la causalité par la finalité.

Considérons maintenant l'orientation générale des sentiments et émotions chez les animaux. De l'aveu des naturalistes, les femelles, surtout quand elles sont mères, ont une part plus grande et plus habituelle d'émotions « altruistes ; » les mâles ont des sentiments plus personnels. C'est encore là une conséquence de la direction générale imposée à l'organisme, qui, nous l'avons vu, tend chez le mâle à l'individualité, chez la femelle à la solidarité. Enfin, au point de vue de l'intelligence, les mâles, par cela même qu'ils sont plus actifs, plus remuants, plus occupés au dehors et au loin, ont acquis nécessairement un domaine d'expérience plus étendu, des associations d'idées plus nombreuses et plus complexes. Il en résulte que, pour fournir tout ensemble et à une dépense cérébrale et à une dépense musculaire plus grandes, le cerveau est devenu chez eux généralement plus gros. En revanche, les femelles ont plus de finesse, plus de coup d'œil et plus de ruse ; leur rôle n'est pas d'aller de l'avant pour percer en quelque sorte l'obstacle, mais d'attendre, d'observer et de deviner. Leur cerveau s'est affiné intérieurement.

Tous ces caractères différentiels s'accusent dans l'espèce humaine. C'est là que le tempérament moral apparaît le mieux comme l'aspect intérieur du tempérament physique. Établissez en principe une plus grande tendance à l'intégration chez la femme, à la différenciation chez l'homme ; ajoutez cet autre principe, non moins important, que le courant intégrateur, chez la femme, a sa direction naturelle vers l'espèce, dont la vie lui est particulièrement confiée, et vous verrez se développer, par une nécessité interne, toutes les conséquences relatives au tempérament moral des sexes.

Alfred Fouillée

La femme, avec sa constitution en prédominance d'épargne, ne pouvait manquer d'être avant tout sensitive, de même que l'homme, avec sa constitution de tendance opposée, est normalement actif. Si, de plus, on distingue avec nous une sensibilité vive et extérieure, celle des sanguins, une sensibilité plus intense et plus intérieure, celle des nerveux, on reconnaîtra que la sensibilité sanguine est plus généralement le lot masculin, et la sensibilité nerveuse, le lot féminin. Enfin, si l'on distingue encore avec nous une activité vive et explosive, celle des tempéraments dits « colériques ou bilieux, » une activité plus lente et plus patiente, celle des « flegmatiques ou lymphatiques, » on reconnaîtra encore que la première sorte d'activité est plus masculine, la seconde plus féminine. Si bien qu'en résumé, l'un des sexes, étant plutôt sanguin-colérique, est par cela même sensitif vif et actif ardent ; l'autre, étant nerveux-lymphatique (dans le sens où ces mots indiquent des états sains et non maladifs), est par cela même sensitif intérieur et actif modéré. Assurément, les quatre tempéraments se mêlent dans les divers sexes et aux divers degrés de l'échelle animale ; mais, dans tout ce qui a rapport au sexe même et à ses fonctions propres, vous êtes sûr de voir reparaître les traits caractéristiques de l'élément masculin et de l'élément féminin. L'homme le plus doux et le plus passif, le plus féminin d'ordinaire, redeviendra actif et entreprenant en amour ; la femme la plus sanguine et la plus « colérique » redeviendra comparativement douce, patiente, intimement sensitive, dans les fonctions de l'amour et de la maternité. Une théorie complète du tempérament doit donc le considérer tour à tour, comme nous essayons de le faire, sous deux aspects : celui des fonctions de nutrition et celui des fonctions de propagation. Au point de vue de la nutrition et de la croissance individuelle, c'est-à-dire des échanges intimes de la matière vivante, un individu d'un sexe quelconque pourra offrir les traits de tel tempérament spécial ; mais, au point de vue des fonctions qui ont pour objet l'espèce, le sexe masculin manifestera presque toujours le caractère actif et ardent qui le distingue, le sexe féminin son caractère réceptif, calme, tendre et maternel.

Pour passer des principes aux applications, examinons de plus près, dans l'espèce humaine, les diversités mentales qui portent sur la sensibilité, sur l'intelligence, sur la volonté. Nous avons déjà dit que la montée de la vie, chez la femme, devant aboutir à l'organisation de l'enfant, entraîne une direction prépondérante vers les viscères ; de là un développement considérable du grand sympathique, qui, dans le système nerveux, est leur représentant. Or, nous savons que les émotions viennent en majeure partie du contre-coup des organes internes et des vibrations qu'ils envoient au grand sympathique. Le caractère de la femme sera donc particulièrement émotionnel. Son système nerveux est d'ailleurs plus excitable, ses actions réflexes plus intenses, ce qui entraîne une sensibilité plus vive. Elle connaît davantage, en particulier, et l'intensité et la variété de la souffrance. Il y a des types de suprême douleur que le peuple a toujours incarnés dans une femme.

Il faut distinguer la sensibilité affective, c'est-à-dire le pouvoir d'éprouver des émotions internes, d'avec la perception, qui saisit les qualités des choses extérieures. Certains expérimentateurs, dont quelques-uns assez suspects (comme M. Lombroso), ont confondu les deux acceptions du mot de sensibilité, et ils ont prétendu que la femme était moins sensible, parce que, chez elle, la perception est, disent-ils, moins vive et moins délicate. Nous avions toujours cru que les femmes avaient l'ouïe fine, l'odorat fin, le goût fin, le tact exquis et des yeux qui savent fort bien voir, même de côté. On nous prétend aujourd'hui le contraire ; on nous dit que les dégustateurs hommes sont supérieurs aux femmes, — ce qui est bien possible, surtout en fait de vins ; on nous dit que ce sont les hommes qui accordent les pianos, qui sont assortisseurs de fils, etc. Laissons-leur cette gloire. Nous conservons cependant bien des doutes sur les sens obtus de la femme, dont nous n'avons jamais rencontré un seul exemple. Mais, quand nous entendons M. Mantegazza, après avoir soutenu que les femmes ont les sens moins parfaits, ajouter que, si le suicide est plus rare chez les femmes, c'est à cause de « leur moindre sensibilité à la douleur, » et quand M. Lombroso, de son côté, explique par la moindre sensibilité le moindre génie artistique des femmes, quelle confiance pouvons-nous avoir dans ces prétendues observations et déductions scientifiques ? Tout ce qu'on peut dire, c'est que la douleur, chez la femme, est moins explosive, moins portée aux coups de désespoir, plus installée à demeure au fond d'elle-même. Beaucoup restent affectées à tout jamais, sans pouvoir refaire leur existence.

Alfred Fouillée

Schopenhauer dit : « La femme paie sa dette à la vie non par l'action, mais par la souffrance : douleurs de l'enfantement et soins inquiets de la famille. » Cela est vrai, mais Schopenhauer oublie d'ajouter que la femme paie encore sa dette par l'amour ; et l'amour, lui aussi, n'est-il point une « action, » une expansion même, mais ayant pour but de réunir plusieurs cœurs en un seul ? Aimer, tel est le trait dominant de la sensibilité féminine. On l'a répété bien des fois : pour l'homme, l'amour est la joie de la vie, pour la femme, il est la vie même.

L'amour conjugal a chez la femme des traits particuliers ; il est moins sensuel, plus calme, plus élevé et plus constant. En d'autres termes, il est, comme tout le reste de la constitution féminine, à l'état d'organisation. On accuse les femmes d'instabilité et de légèreté. Outre que leur légèreté ou leur vanité, là où elle existe, est la plupart du temps la faute des hommes, c'est seulement pour ce qui est en dehors de leurs tendances naturelles que les femmes se montrent versatiles et justifient le mot de Shakspeare : *Frivolity, thy name is woman* ; mais, pour tout ce qui est en harmonie avec leur sexe, elles sont au contraire tenaces dans leurs sentiments comme dans leurs desseins. La maternité, d'ailleurs, suffirait seule à leur enseigner, avec la constance, la longue espérance. Que de mois, que d'années il faudra attendre pour que l'enfant soit devenu tel que sa mère, à l'avance, se le représente ! Et elle fait mieux qu'attendre l'avenir, elle le fait croître elle-même sous ses yeux, incarné dans son enfant.

L'amour de la femme s'attache de préférence aux qualités les plus fondamentales et les plus durables, soit du corps, soit de l'esprit, c'est-à-dire à ce qui fait l'essence même de la virilité. Elle se laisse généralement moins séduire par la seule beauté physique que par la puissance corporelle ou intellectuelle, et surtout par les qualités morales. C'est le sentiment des intérêts permanents de la famille et de l'espèce qui explique, selon nous, le respect des femmes non cultivées pour la force du corps, celui des femmes cultivées pour la force de l'esprit ou du caractère. Spencer, comme on pouvait s'y attendre, a encore ici recours à la sélection naturelle et sexuelle : les femmes qui préféraient les hommes les plus forts, dit-il, avaient plus de chances de se survivre dans leur postérité [5]. Selon nous, le goût de la femme pour des qualités qui sont complémentaires des siennes provient avant tout d'une attraction de tempérament. En outre, si la femme a un instinct de soumission et aime à être protégée par la vigueur virile, c'est là une suite naturelle et du sentiment de sa faiblesse et de son tempérament destiné à la vie intérieure, non aux luttes du dehors. Enfin, une sorte d'instinct maternel anticipé fait pressentir à la future mère l'intérêt qu'ont les enfants à avoir des pères vigoureux de corps et d'esprit.

Le goût de plaire et le talent de plaire, qui sont encore caractéristiques chez la femme, proviendraient aussi, selon Spencer, de ce que, « parmi des femmes vivant à la merci des hommes, celles qui savaient charmer étaient celles qui avaient le plus de chances de vivre. » Quoique la sélection ait pu agir en ce sens, il nous semble que l'instinct de séduire a des raisons plus profondes. Tout d'abord, la faiblesse corporelle de la femme l'oblige à employer dans la lutte les moyens qui lui sont propres. Elle ne recherche pas, elle est recherchée ; et pour être recherchée, il faut bien qu'elle plaise. En outre, tout être a un instinct qui le porte à conserver, à accroître ses avantages naturels, et la femme a le sentiment de ce don de beauté qui est son partage. Elle qui a l'esprit de conservation et d'organisation, comment ne l'exercerait-elle pas tout d'abord sur ce qui lui donne du prix et la fait aimer ? Parmi ses vertus natives, il faut donc placer ce que nous appellerions volontiers l'esthétique personnelle, c'est-à-dire le culte de la beauté dans sa personne, — beauté qui est d'ailleurs un héritage précieux à conserver pour l'espèce. Il y a pareillement, selon nous, un élément esthétique dans ce sentiment féminin par excellence, replié sur soi et s'enveloppant de mystère : la pudeur. C'est le respect physique de soi-même, et c'est aussi le sens de l'idéal se mêlant aux réalités les plus grossières. Il ennoblit l'amour de la femme, il excite l'homme à ennoblir et à idéaliser son amour.

Selon Spencer, la tendresse des mères pour leurs enfants (et même celle des pères), considérée dans son essence, serait l'amour du faible. Nous ne saurions l'admettre. Aimer son enfant, c'est d'abord aimer un prolongement de sa propre individualité ; c'est aussi aimer l'espèce entière dans un être qui la représente ; c'est enfin et surtout aimer l'enfant lui-même, pour l'homme qu'il sera un jour et dont il offre déjà l'ébauche. Et si l'amour pour l'enfant est plus profond encore chez la femme que chez l'homme, c'est que la femme a non-

Alfred Fouillée

seulement conçu son enfant, mais encore l'a nourri de son sang, puis de son lait ; elle se reconnaît donc en lui davantage. De plus, la tendance générale de son caractère à représenter l'espèce en sa croissance ininterrompue, avec la suite sans fin des générations toujours alimentées aux mêmes sources, lui fait mieux pressentir et entrevoir dans son enfant la grande famille humaine.

A en croire Schopenhauer, ce qui rend les femmes particulièrement aptes à soigner et à élever notre première enfance, c'est qu'elles sont elles-mêmes puériles, futiles et bornées : « elles demeurent toute leur vie de grands enfants. » — Pure boutade. Si la mère est la meilleure des éducatrices, ce n'est pas parce qu'elle est un enfant, mais parce qu'elle est une mère, c'est-à-dire parce qu'elle aime et qu'elle est prête à tous les sacrifices. Chacun connaît les statistiques qui démontrent l'énorme mortalité des enfants élevés par d'autres personnes que leurs mères. C'est que les mères seules sont capables de s'oublier elles-mêmes : le dévouement est pour elles non pas une « seconde nature, » mais la première. Et ce ne sont pas seulement les soins matériels que seule la mère peut donner : seule aussi elle est apte à la première éducation intellectuelle et morale de l'enfant. Sa parole, son exemple sont le meilleur des enseignements pour un âge où domine l'instinct imitateur. Plus juste et plus profond que Schopenhauer, Kant ne cessait de répéter dans sa vieillesse : « Je n'oublierai jamais que c'est ma mère qui a fait germer le bien qui peut se trouver dans mon âme. » Quant à l'assimilation de la femme à l'enfant, — lieu-commun si fréquent chez les écrivains de toute sorte, — c'est une erreur biologique autant que psychologique. Il y a sans doute un trait commun à l'enfant et à la femme : la prédominance de la vie intégrative et sensitive, mais sous des formes tout à fait diverses. Ici, il s'agit d'un être non encore développé, qui n'emploie sa puissance d'intégration qu'à son développement personnel, qu'à sa croissance physique et mentale. De là ces sentiments égoïstes si naturels à l'enfant. Les sentiments de la femme, au contraire, vont généralement vers autrui. Rapidement développée, elle emploie son pouvoir intégrateur au profit de la famille et de l'espèce ; et si elle reste plutôt sensitive qu'énergiquement active et motrice, ce n'est pas le moins du monde à la manière de l'enfant, chez qui la pauvreté même, la simplicité des sentiments leur donnent une vivacité artificielle et un caractère explosif. La femme est riche de sentiments complexes et organisés : c'est un cœur développé et non embryonnaire.

Par une incroyable injustice, on a essayé de tourner les qualités mêmes du sexe féminin, et les plus belles, en marques d'infériorité. Parle-t-on, comme nous venons de le faire, de l'amour maternel, ou encore de l'amour conjugal, certains hommes de science (qui nous paraissent interpréter à rebours les faits scientifiques) ne craindront pas d'en tirer argument pour rapprocher la femme des « mammifères inférieurs. » L'amour maternel, dit le docteur G. Le Bon, est bien autrement développé chez certains singes. La guenon, par exemple, ne survit jamais à la mort de ses petits. Certains oiseaux contractent des unions indissolubles où ils font preuve des sentiments les plus tendres, et l'amour éprouvé par la femelle pour son compagnon est si profond qu'elle meurt bientôt de douleur quand la mort vient le lui enlever. D'où on insinue que les femmes « représentent les formes les plus inférieures de l'évolution humaine. » Nous dirons, tout au contraire, que l'amour de la progéniture, chez les animaux, est le représentant anticipé, sous la forme de l'instinct, de l'évolution supérieure. Parce que le sentiment maternel existe depuis qu'il y a des mères, est-ce une raison pour en méconnaître et la valeur et la beauté ? Appliquez ce mode étrange de raisonnement aux « supériorités masculines, » vous les verrez, elles aussi, remonter aux étages inférieurs de l'évolution. Qu'y a-t-il de plus antédiluvien que ce courage dont se targue le sexe fort ? Les lions aussi sont courageux, et ils sont plus forts que nous. Les sauvages sont plus hardis et plus vigoureux que les civilisés ; ce n'est pas une raison pour déprécier le courage, ni même la vigueur corporelle. Est-ce le plein jour qui est le « représentant » de l'aube, lumière inférieure, ou n'est-ce pas plutôt l'aube qui annonce le jour ?

Section IV

Si la femme dépasse l'homme par les sentiments affectueux, l'homme semble reprendre l'avantage quand il s'agit de l'intelligence, ou du moins d'un certain emploi de l'intelligence.

La réserve des forces féminines ayant pour principal objet la vie de la race, on comprend que tout ce qui sert à la dépense musculaire ou cérébrale, soutien de la vie individuelle, devait acquérir chez la femme un moindre développement. C'est pour cela que, chez elle, les membres qui accomplissent les travaux extérieurs, puis les viscères thoraciques que ces travaux mettent immédiatement à contribution, sont de taille moindre. Et de même que les membres qui agissent, le cerveau qui les fait agir est resté plus petit [6].

Le cerveau féminin est moins susceptible d'efforts intellectuels *prolongés* et *intenses* ; mais la raison en est tout à l'honneur de la femme, puisque son rôle dans la famille implique un développement en quelque sorte indéfini de la vie du cœur et de la force morale, plutôt qu'un développement indéfini de la vie intellectuelle et de la force cérébrale.

Les physiologistes ont d'ailleurs montré que les fonctions qui ont pour but la propagation et la nutrition de l'espèce sont en antagonisme avec une trop forte dépense du cerveau. Le tempérament viril est plus moteur, et la pensée implique un mouvement cérébral qui, pour être invisible, n'en est pas moins pénible. Attaquer un problème pour le résoudre n'est pas moins ardu que d'attaquer un rocher pour le fendre ou un adversaire pour le terrasser. Il en résulte que le cerveau de l'homme, devenu plus gros et plus fort, nourri par un organisme plus robuste lui-même, est aussi plus capable de fournir aux frais nerveux et musculaires de l'attention. L'attention, en effet, ce grand ressort de l'intelligence, met en jeu les muscles même, comme les physiologistes l'ont démontré. Une attention intense et soutenue exige donc un cerveau actif et dépensier : c'est une fonction désintégrative. S'il y avait un dynamomètre pour mesurer l'intensité et la durée de l'effort intellectuel, le sexe masculin, en moyenne, amènerait des chiffres plus élevés et pourrait réaliser, au moral comme au physique, une plus notable quantité de force maxima. Or, un grand effort sur un point pourra entraîner plus de pénétration scientifique, tout comme un bras puissant enfoncera plus avant une épée. En d'autres termes, toute la partie dynamique et motrice de l'intelligence, tout ce qui en elle est allaire de quantité doit dominer dans le sexe masculin, où l'énergie est plus considérable et, en même temps, plus portée à se dépenser. Au contraire, tout ce qui exige adresse, délicatesse, finesse, tact, tout ce qui est, pour ainsi dire, *sentiment intellectuel*, tout ce qui dérive d'une sensibilité plus impressionnable et plus spontanée est particulièrement à la portée de la femme, du moins lorsque le sentiment ne va pas chez elle jusqu'à la passion, ou que sa passion a pour objet des idées désintéressées, surtout de l'ordre moral.

La femme est plus apte aux idées particulières qu'à la généralisation et à l'abstraction. Sa curiosité s'adresse surtout aux faits et aux détails. C'est que les objets particuliers sont des intégrations visibles, offrant la synthèse immédiate de ce que l'analyse scientifique décompose. Une intelligence où l'intégration domine, et qui est plutôt sensitive qu'active, sera donc en naturelle harmonie avec ce qui est individuel. L'homme a l'esprit plus déductif, la femme, plus intuitif. L'intuition, c'est l'œil ouvert qui voit immédiatement un ensemble, et sans effort. Chez l'homme domine l'analyse réfléchie, qui aboutit peu à peu à la différenciation ; chez la femme, c'est la synthèse spontanée et l'intégration. La femme la plus habile dans son art ou dans son métier saura vous montrer comme elle fait, plus rarement le démontrer ou même le décrire. L'analyse scientifique, sans être le moins du monde impossible pour les femmes, n'est point leur vocation naturelle. Leurs associations d'idées se font plutôt dans l'espace, où l'esprit embrasse des objets simultanés, que dans le temps, où s'enchaînent des séries successives ; dans le temps même, leurs idées se lient plutôt par contiguïté que par causalité, la contiguïté étant encore l'objet d'une synthèse intuitive et imaginative, la causalité, d'une analyse discursive et rationnelle. Enfin, en fait de causes et d'effets, de principes et de conséquences, la femme s'attachera plutôt aux résultats directs et immédiats qu'aux conséquences indirectes et lointaines.

Une fois liées dans le souvenir, les images et idées sont ordinairement durables chez la femme. Sa réceptivité et sa tendance à l'assimilation rendent sa mémoire ordinairement moins oublieuse que celle de l'homme, surtout pour les faits, qu'elle a par cela même plaisir à raconter. Pour des raisons analogues, elle a plus de docilité à apprendre, comme aussi plus de facilité à croire ceux qui ont obtenu sa confiance.

L'imagination de la femme est plus exaltée que celle de l'homme. Moindre est la quantité de force dépensée au dehors, plus grande est la production intérieure des images. Sensible et imaginative,

Alfred Fouillée

il est inévitable que la femme se laisse d'ordinaire guider par ses sentiments plutôt que par des idées abstraites et générales. « La femme, dit Daniel Stern, arrive à l'idée par la voie de la passion. » Au reste, l'esprit mobile de la femme ne peut guère soutenir un raisonnement à perte de vue et ne se laisse pas facilement convaincre par les longs raisonnements d'autrui. Chez elle l'emportent ces raisons du cœur que la raison ne connaît pas. Mme de Sévigné avouait que « les raisonnements abstraits lui étaient contraires. » Elle ne voulait point « philosopher » et se bornait « à rêver bonnement, comme on faisait du temps que le cœur était à gauche. »

Une intelligence hardie et entreprenante se propose-t-elle un but difficile et plus ou moins élevé, elle ira droit à ce but sans faire attention au reste ; dédaigneuse ou impatiente des menus détails, elle fermera volontiers les yeux devant tout ce qui contrarie son dessein et ne s'embarrassera guère des objections. De là un esprit plus systématique. Or, avoir un système, même inexact et incomplet, c'est toujours une force. La science doit ses progrès à la hardiesse des théories autant qu'à la puissance et à la durée des observations. Le danger est de ne rien voir en dehors de son système. Chez la femme, au contraire, l'esprit de finesse domine plus que l'esprit de géométrie. Cette logique à outrance dont parle le démon de Dante, cette logique diabolique qui pousse les conséquences jusqu'à l'absurde même, n'est point son fait. Si l'homme voit plus loin et plus haut, la femme, quand ses passions ne sont pas en jeu, voit souvent plus juste. Il y a certaines nuances de vérités qui sont comme les modulations enharmoniques, où il suffit de hausser ou de baisser imperceptiblement la note pour passer d'un ton à un autre ton très éloigné : la femme est particulièrement apte à saisir ces nuances. Antipathique aux utopies et aux chimères, elle ne perd pas de vue le côté positif et pratique des choses. Modératrice et modérée dans les questions où sa personnalité et celle des siens ne sont pas en cause, son jugement est plus circonspect, plus prudent, plus réservé. C'est, disait Proudhon, « la Minerve protectrice d'Achille et d'Ulysse, qui apaise la fougue de l'un et fait honte à l'autre de ses paradoxes ou de ses roueries [7]. » Ce misogyne de Schopenhauer lui-même, après avoir doté les femmes pour toute leur vie d'une « raison de dix-huit ans, strictement mesurée, » oublie bientôt son paradoxe et confesse que, dans les circonstances difficiles, il ne faut pas dédaigner de faire appel, comme autrefois les Germains, aux conseils des femmes. Les Germains en effet, nous dit Tacite, croyaient qu'il y a « quelque chose de saint et de prévoyant qui est inné aux femmes ; aussi ne dédaignaient-ils point leurs avis et ne rejetaient-ils point leurs réponses. »

il est bien difficile de déterminer, parmi les qualités ou défauts de l'intelligence, ce qui tient à la nature même de la femme, et ce qui tient aux effets accumulés d'une instruction inférieure, continuée pendant des siècles. Toutefois, la spécialité du talent nous semble être bien plutôt la suite naturelle de la tendance à la différenciation qui caractérise la nature masculine. De même pour l'originalité. L'intelligence de l'homme va d'elle-même à la variation et à la nouveauté. La femme, avec son esprit conservateur et stable, utilise les effets des « variations » passées plus qu'elle n'aspire à des modifications nouvelles ; elle représente la part de raison et de sagesse déjà acquise, intégrée, fixée dans l'espèce ; elle a donc, en général, plus de « sens commun. » En matière d'esthétique, elle sera moins portée aux innovations et aux excentricités du génie ; elle aura du goût. Une originalité puissante est chose rare, jusqu'à présent, dans les œuvres des femmes, qu'il s'agisse de la littérature ou des arts, et, parmi les arts, de celui même qu'elles cultivent le plus, la musique.

Le génie est une dépense de forces en vue d'une adaptation nouvelle de l'homme au milieu social ou cosmique. Il suppose la puissance et l'audace de la volonté qui s'élance vers l'inconnu de l'avenir. Plus ou moins révolutionnaire et conquérant, il n'a souci ni des résistances possibles et probables, ni des opinions reçues, ni des traditions séculaires. Que de grands hommes ont payé leur originalité de leur vie, comme les Socrate et les Jésus ! Les hautes vérités du domaine scientifique et moral sont le royaume de Dieu dont parle l'Évangile et dont il faut forcer l'entrée : *Violenti rapiunt illud*. La femme eût-elle la puissance d'effort cérébral nécessaire à ces conquêtes, il y a une retenue, une modestie, une timidité naturelle qui l'arrêtent : elle sent que ce n'est pas son rôle. « J'ai été un homme, dit Goethe, c'est-à-dire un lutteur. » Nous n'oublions point qu'il a existé une Jeanne Darc, mais il a fallu les voix des saintes pour entraîner la jeune paysanne aux batailles.

Alfred Fouillée

De même, dans l'ordre des sciences, les grandes inventions, fruit des grands efforts, ne sont guère le partage naturel de la femme. Pour les recherches froidement scientifiques, elle manquerait peut-être et de méthode et de rigueur. Mme Necker de Saussure prétend que les femmes arrivent de plein saut ou n'arrivent pas ; ce sont là des affirmations trop absolues : dans leurs études, dans leurs métiers, dans leurs occupations domestiques, les femmes arrivent le plus souvent par application, non de plein saut. Mais c'est qu'il s'agit de choses pratiques et concrètes. Dans les recherches abstraites, elles sont plus dépaysées. Si admirable que soit chez elles la patience (quand il faut, par exemple, soulager les maux d'autrui), nous ne savons si les lenteurs de l'analyse scientifique seraient bien le fait de leur nature spontanée. La rapidité même de leur observation, jointe à une trop grande simplicité d'idées, les exciterait peut-être à des généralisations trop promptes. Imaginatives, elles se contentent souvent d'entrevoir les idées scientifiques sous leur forme la plus flottante et la plus indécise. C'est encore une femme qui l'avoue, Daniel Stem : « Rien ne s'accuse, rien ne se fixe dans la brume dorée de leur fantaisie. » D'autre part, les progrès de la science exigent dévastes synthèses qui suivent l'analyse réfléchie et la complètent, en y ajoutant un centre de perspective supérieur. Ces synthèses, qui exigent la découverte de larges ensembles, seront plutôt le fait de l'homme que de la femme. Elles impliquent, en effet, une puissance d'esprit considérable, pour réduire une grande variété à une unité qui est elle-même une nouveauté et un progrès. Ce n'est pas que, par une instruction convenable, la femme ne devienne capable de comprendre les sciences [8], et même d'inventer. M. Gustave Le Bon demande qu'on lui cite une seule femme qui ait réussi dans les sciences exigeant du raisonnement. Nous lui citerons Sophie Germain et Marie Gaetana Agnesi, célèbre au XVIIIe siècle par ses travaux mathématiques, — pour ne pas remonter aux temps des Diotime, Pamphila, Leontia, Pantaclea, Argia, Nicarette, Melissa, Hypatie, etc., ni aux Italiennes comme la philosophe Bassi, Isabelle Sforza, Claire Mastrami, ni aux femmes jurisconsultes de Bologne, Dotta, Bettina Buonsignori, et cette Novella d'Andréa, si belle que, au dire de Christine de Pisan, « elle devait, en donnant son cours, se voiler la face, afin que sa beauté ne détournât point l'attention, » Beaucoup de femmes se sont aussi distinguées dans l'astronomie, dans la physique, dans la médecine. A l'heure présente, c'est une femme de mérite, la doctoresse Catani, qui occupe à Bologne la chaire d'histologie. Nous reconnaissons d'ailleurs qu'on ne doit pas raisonner sur des exceptions. Chaque sexe est capable, sous des stimulants particuliers, de manifester des facultés ordinairement réservées à l'autre sexe. Spencer, mieux inspiré sur ce point, donne pour exemple un cas extrême, mais instructif : une excitation spéciale peut faire sécréter du lait aux mamelles des hommes et, pendant des famines, on a vu des petits enfants sauvés de cette façon. Mettra-t-on cependant cette faculté de donner du lait, qui doit, quand elle apparaît, s'exercer aux dépens de la force virile, parmi les attributs du sexe masculin ? De même l'intelligence féminine, sous l'influence d'une discipline spéciale, peut donner des produits très supérieurs à ceux que donne l'intelligence de la plupart des hommes. A côté des œuvres de George Eliot, de George Sand, de Mme de Staël ou de Mme de Sévigné, il conviendrait de citer les poèmes d'Elisabeth Browning. Mais la vigueur mentale normalement féminine est celle qui peut coexister, chez la moyenne, « avec la production et l'allaitement du nombre voulu d'enfants bien portants. » Une force et une dépense d'intelligence qui, si elles étaient générales parmi les femmes d'une société, amèneraient la disparition de cette société même, doivent être considérées comme une atteinte aux fonctions naturelles du sexe. On répondra que le génie masculin est également et doit rester une exception, et nous en convenons sans peine ; mais le rôle et les occupations sociales de l'homme, si elles n'exigent pas le génie, exigent une force d'intelligence, une vigueur d'esprit scientifique, qui ne sont point nécessaires à la femme, qui même pourraient lui être nuisibles dans l'accomplissement de ses vraies fonctions. Ni physiquement, ni intellectuellement, elle n'est faite pour les rôles d'Hercule.

Pour toutes ces raisons, il y a eu plutôt parmi les femmes de grands talents fins et délicats, et aussi quelques génies psychologiques, que des génies proprement créateurs, rénovateurs et « faisant école, » soit dans les sciences, soit même dans les arts. On ne se figure pas bien une femme Shakspeare ou Victor Hugo, une femme Aristote ou Descartes, une femme Beethoven ou Wagner. Celles qui se sont le plus approchées du génie créateur se sont aussi fortement rapprochées de l'autre sexe par leurs tendances d'esprit et parfois de volonté. M. Secrétan a raison de dire que, dans la femme qui fait preuve d'un talent trop « spécial, » un homme est caché ; de même, il y a quelques hommes « universels ; » mais ils ne sont pas universels s'ils n'ont dans leur cœur un « cœur de femme. » C'est surtout, croyons-nous, au domaine moral que cette belle parole s'applique. Et c'est aussi dans ce domaine que la femme retrouve une supériorité qui compense son intériorité scientifique. Il y a un génie moral qui est fait d'amour, de tendresse et de dévouement. Ce génie-là, les femmes l'ont manifesté mille fois ; il est en germe dans chaque mère.

Section V

Mme Necker de Saussure a marqué d'un trait exact le caractère dominateur et « personnel » de la volonté chez les hommes : « Leur moi, dit-elle, est plus fort que le nôtre. » Chez la femme, la tendance instinctive de la volonté est de se donner, de se dévouer à autrui. Spencer prétend que ce dévouement, qui peut aller jusqu'à l'héroïsme, aura plutôt en vue les personnes que les idées ; il voit là une nouvelle infériorité intellectuelle, ou même affective, parce que, dit-il, les produits derniers de l'évolution humaine sont « le raisonnement abstrait et l'émotion abstraite de la justice, qui règle la conduite indépendamment des liens personnels, des sympathies et antipathies inspirées par les individus. » Les femmes pourraient répondre d'abord que des points de vue divers, quand ils se complètent, ne sont pas intérieurs l'un à l'autre ; les abstractions, en définitive, valent seulement par le particulier, dont elles ne sont que les signes logiques. Mais, contrairement à la théorie de Spencer, l'histoire nous montre que les femmes ont payé de leur personne, tout comme les hommes, quand il s'agissait ou de la patrie, ou de quelque grande réforme sociale, morale, religieuse. Elles ont mainte fois donné leur vie pour des « idées, » et surtout pour des idées de justice ou de droit. Après les martyres des religions nous avons eu les martyres de la révolution française, qui montaient tranquillement à l'échafaud. Si la femme entend plus volontiers les appels faits au nom de la pitié qu'au nom du droit pur, si elle prend parfois plaisir à « répandre les bienfaits indépendamment des mérites, » si, dans l'ordre social, elle préfère la générosité à la stricte justice, si elle représente ainsi le règne de la grâce plutôt que le règne de la loi, c'est non-seulement par sa sensibilité affectueuse, mais aussi par son intelligence moins prompte à la froide analyse qu'à l'intuition des choses en leur unité, enfin par sa nature de volonté unifiante, moins portée à mesurer étroitement la part de chacun qu'à embrasser tous les êtres d'une même bienveillance. Il y a là comme une extension de l'instinct maternel. Autre est d'ailleurs l'espèce éternellement vivante dans une chaîne sans fin d'individus, autre est l'idée du « genre » humain, notion vide et morte. C'est pour l'intérêt et la vie de l'espèce que la femme est faite, non pour la contemplation des idées pures et la découverte des lois générales. Elle travaille pour l'humanité *in concreto*, en la nourrissant du meilleur de son corps et de son esprit. Enfin, quoi qu'en dise Spencer, il n'est pas vrai que la justice abstraite soit la plus haute. Comme la grâce est plus belle que la beauté, il y a quelque chose de plus juste encore que la justice : la bonté.

Dans le culte même que la femme et l'homme se vouent l'un à l'autre, la direction des volontés semble différente et produit une attitude différente. C'est ce que M. Secrétan a admirablement compris. Il a bien vu que la femme, qui est la généralité, s'individualise dans son amour ; tandis que, par le sien, lorsqu'il est digne de l'éprouver, « un cœur viril s'ouvrant à toute bienveillance se replonge dans la source de l'humanité. » Et c'est de là, ajouterons-nous, que vient cet élargissement de la pensée produit chez l'homme par tous les sentiments dont l'amour est le centre : pitié, charité, sympathie universelle. La fraternité même, d'où est-elle venue ? De la maternité. Ce n'est pas comme enfants d'un même père, mais comme enfants d'une même mère, que les hommes se sont d'abord aimés. Et s'ils n'avaient pas connu l'amour, ils n'auraient même pas connu la justice.

Dans le domaine des choses matérielles, la volonté inquiète et ambitieuse de l'homme se plaît à acquérir, la femme à conserver. Les économistes ont remarqué que la propriété, une fois acquise, apparaît facilement à la femme comme tin tout intangible, dont on ne peut distraire une partie. La femme a une sorte de vénération pour le lien interne des choses ; elle répugne à se détacher d'une possession qu'elle a vue grandir avec les siens.

Alfred Fouillée

Le souvenir cher, l'estime religieuse qu'elle conserve à ses intimes s'étend au produit visible de leurs efforts. Du reste, l'esprit d'ordre, d'harmonie, d'économie dans les moindres dépenses rend la femme merveilleusement apte à l'entretien de la propriété, comme à l'administration intérieure de la famille [9].

Même instinct de conservation dans l'ordre social. Spencer a voulu expliquer cet instinct par la prétendue admiration des femmes pour toute autorité, y compris l'autorité gouvernementale ; admiration qui serait elle-même, selon lui, une nouvelle forme du « culte pour la force. » Mais où voit-on que les femmes aient jamais manifesté tant de goût pour les gouvernements despotiques ? Ce qui est vrai, c'est qu'elles n'ont pas l'esprit révolutionnaire. Les Louise Michel sont des exceptions. Nous ne saurions davantage rattacher au culte de la force, comme le fait Spencer, la foi religieuse plus fréquente et plus durable chez les femmes. La vérité est qu'un tempérament qui comporte moins d'initiative ne se plaira pas au doute : ce serait une crise et une souffrance. Pas plus dans les questions religieuses que dans les questions scientifiques ou politiques, la femme n'aimera donc à mettre en suspicion ce qui est reçu et établi. Critiquer, c'est détruire, et nous avons vu combien peu son instinct est destructif. Le respect de la force n'a ici rien à voir. Ce n'est pas la puissance attribuée à Dieu, mais bien sa bonté, qui fait l'attrait de la religion pour les cœurs féminins. Un esprit où le sentiment domine, où la tendance scientifique est moins développée et par l'effet de la nature et par l'effet de l'éducation, où, en revanche, l'idée morale est exaltée, surtout sous la forme de la pitié et de la charité, un tel esprit est naturellement porté à chercher au-dessus du monde une vivante justice et un vivant amour ; un tel esprit est naturellement religieux.

Comment un caractère plus doux, plus timide, plus affectueux, moins enclin à l'action et surtout à l'action agressive, plus retiré dans la vie intérieure et enfin plus religieux, ne serait-il pas par cela même moins fécond en crimes et délits, ces déviations de l'activité dépensière et de l'énergie extérieure ? La maternité est, comme nous l'avons vu, une école naturelle de tendresse et de désintéressement : consentir à être mère, c'est consentir à toutes les souffrances ; la femme qui a pressé son enfant sur son sein, qui jour et nuit a supporté pour lui toute peine, qui par son sourire a éveillé chez lui la première grâce et le premier don du sourire, cette femme a développé en elle-même toutes les vertus fondamentales sur lesquelles la société, comme la famille, repose. Maternité et criminalité, c'est presque une contradiction dans les termes : jamais on ne pourra se figurer le crime sous les traits d'une mère avec son enfant contre son cœur. Au fait, dans le monde entier, la criminalité féminine est très notablement inférieure à la masculine. La proportion des femmes aux hommes condamnés est : en Angleterre, 20 pour 100 ; en Allemagne, 19 ; en France, 16 ; en Autriche, 14 ; en Hongrie, 11 ; en Italie, 5. Sur 100 garçons dans les écoles, il y en a neuf ou dix punis pour larcins ; sur 100 filles, moins d'une ; sur 100 garçons, 54 sont punis pourvoies de fait ; sur 100 filles, 17.

Vous croiriez que, là-dessus, les anthropologistes de l'école italienne vont faire honneur à la femme d'une supériorité morale innée. Au contraire, « la moindre criminalité de la femme est, nous affirment-ils sans rire, un caractère d'infériorité. » C'est, disent MM. Lombroso et Ferrero, parce que la femme est moralement et intellectuellement moins puissante qu'elle est aussi moins criminelle : « le crime, comme le génie, la science, l'art, la politique, la guerre, est surtout le fait de l'homme [10]. Ainsi, au lieu de rattacher la moindre criminalité de la femme à ses qualités naturelles, sensibilité, pitié, esprit de paix et de concorde, comme aussi aux moins nombreuses occasions de vice, on en va chercher les causes dans ses infériorités natives. C'est raisonner comme un théologien qui, se fondant sur cette singularité statistique que, depuis dix ans, le nombre des femmes tuées par la foudre a été deux fois moindre que celui des hommes, en conclurait que le sexe masculin, moins religieux, a deux fois plus mérité les vengeances célestes.

MM. Lombroso et Ferrero se rapprochent de la vérité et font, cette fois enfin, une application exacte du darwinisme, quand ils remarquent que la sélection sexuelle, en donnant la victoire à la grâce physique, l'a donnée aussi à toutes les qualités morales qui s'associent à la grâce. L'influence de la beauté sur la bonté, voilà, selon nous, un sujet à propos duquel on pourrait écrire bien des pages. La beauté est pour la femme un don naturel, une fonction et presque un devoir. Elle doit charmer l'homme et entretenir dans l'espèce la tradition du beau. En même temps, la beauté est pour la femme le grand moyen de l'emporter sur les autres femmes. Ce n'est pas par la force et pour la force que les femmes luttent, mais par la grâce et pour la grâce ; et c'est une loi qui se vérifie jusque dans le monde animal. Mais la grâce implique l'harmonie des lignes et des mouvements, la douceur et le calme de la physionomie, de la démarche, des gestes, en un mot toutes les expressions physiques de l'amabilité. Aussi la femme a-t-elle toujours cherché, par un art instinctif, à se parer de ces qualités visibles. Or, une loi psychologique bien connue veut que chaque état d'âme et ses signes extérieurs soient indissolublement associés : non-seulement l'état d'âme produit son expression au dehors, mais l'expression, à son tour, tend à éveiller l'état d'âme. Chaque geste doux ou tendre, chaque mouvement gracieux du visage aura donc une tendance à mettre l'esprit dans une attitude de douceur, de paix et de grâce. En s'exerçant à être belle, la femme s'est exercée à être bonne.

Dira-t-on, avec Schopenhauer, que cette grâce dure bien peu de temps ? « Comme la fourmi femelle, en devenant mère, perd ses ailes, de même aussi, après deux ou trois enfants, la femme perd sa beauté. » — Est-ce bien sûr ? Et quand cela arrive, ne faut-il pas s'en prendre à nos habitudes modernes de vie mal réglée ? Si la femme, au lieu d'être de plus en plus lancée dans la lutte pour l'existence et dans la concurrence avec les hommes, pouvait remplir avant tout sa vraie et naturelle mission d'épouse, de mère, d'éducatrice, tout entière à aimer et à être aimée ; si ce que nous appelons notre civilisation ne l'obligeait pas, par une vie contraire à l'hygiène, de s'épuiser avant l'heure, en cumulant le travail de la maternité avec d'autres travaux, et aussi avec des amusements qui sont pires que des travaux, la femme conserverait presque toute sa vie cette jeunesse de corps et d'esprit qui est dans sa nature même, qui résulte d'un tempérament où les forces de réserve l'emportent sur la dépense, qui ainsi rend visible aux yeux la perpétuelle jeunesse de l'espèce. Enfin, même quand la beauté a disparu pour l'œil des indifférents, il reste encore, pour ceux qui vivent près d'une femme et qui l'aiment, une grâce morale, une beauté d'expression que les années ne sauraient flétrir. Dans une de ses nobles et profondes poésies, *Au reflet du foyer*, l'auteur des *Vers d'un philosophe* nous montre une femme debout au seuil de sa maison, qui attend son mari, les yeux sur le chemin, éclairée par un feu flambant dans l'âtre. Blanche sous le ciel noir, toute droite, cette femme semblait merveilleusement belle ; en s'approchant, le poète vit qu'elle était âgée, mais que les rayons du loyer domestique la transformaient aux regards :

Telle, pensai-je alors, m'apparaît cette femme,

Telle à celui qui l'aime elle apparaît toujours :

Sur elle il voit encore errer comme une flamme

Le reflet immortel de leurs premiers amours.

Il regarde ses traits à travers sa pensée…

Après tout, la beauté n'est que dans l'œil qui voit,

Et lorsqu'elle pâlit, c'est que l'amour décroît.

Quand l'homme et la femme se sont longtemps aimés, leur passé lointain luit encore sur eux :

De leur jeunesse à deux un rayon tombe et dore,

Comme une aube sans fin, leurs fronts transfigurés [11].

Section VI

Nous avons vu quelle profonde différence de constitution et de tempérament, soit physique, soit morale, se manifeste entre les sexes dès le début de la vie. M. Geddes fait observer que les organismes qui ne sont point sexuels, comme les bactéries, n'occupent pas de place élevée dans l'ordre de la nature. Quant à la parthénogenèse, fût-elle un idéal organique, cet idéal a manqué à se réaliser [12]. Au lieu de faire des rêves sur ce qui aurait pu se produire, utilisons ce qui s'est produit et ne prétendons pas annuler le résultat d'une évolution de quelques millions d'années. La dissemblance entre les sexes ne peut ni ne doit être supprimée par le progrès des institutions et des mœurs ; loin de là, dans les organismes supérieurs et dans les sociétés supérieures, la division des fonctions ne fait que s'accuser davantage. C'est contrevenir à cette loi que de se flatter d'établir entre les sexes une identité de nature impossible, au lieu d'établir entre eux une croissante équivalence de fonctions. Les deux sexes, dans leur diversité nécessaire, sont dépendants l'un de l'autre et se valent l'un l'autre : voilà le vrai. Si, en moyenne, l'un a plus

Alfred Fouillée

de puissance physique et intellectuelle, l'autre a plus de bonté ; généralement, a-t-on dit, l'homme vaut plus et la femme vaut mieux. Le mépris de la femme est donc lui-même ce qu'il y a de plus méprisable. Et quoi de moins rationnel ? L'oxygène dédaigne-t-il l'hydrogène, auquel il s'unit pour former l'eau ? Le rouge du spectre dédaigne-t-il le vert, avec lequel il se fond dans la lumière blanche ? Quant à la complète identification sociale et politique d'un sexe à l'autre, c'est un excès en sens contraire. Voltaire a dit :

Qui n'a pas l'esprit de son âge,

De son âge a tout le malheur.

Il faut également avoir l'esprit de son sexe pour n'en pas avoir tout le malheur. Ici encore la physiologie nous éclaire. Les individus auxquels on a enlevé les organes de leur sexe en perdent les qualités propres et se ressemblent dans le même avilissement de l'espèce. Il en serait ainsi dans l'ordre social et politique, si les femmes voulaient se faire hommes. Une maîtresse anarchiste, dans une école de filles près de Saint-Pétersbourg, estimant que la prépondérance des « éléments émotionnels » chez les femmes constitue pour elles un désavantage, « une entrave à leur complète identité sociale et politique avec l'homme, » avait résolu de supprimer ce trait du tempérament féminin et de vivre une vie libre de ses conséquences : c'est pourquoi elle prescrivait à ses élèves de ne pas se marier. Malheureusement pour le système, — et heureusement pour l'humanité, — l'entreprise d'émousser la sensibilité féminine, héritage d'innombrables générations humaines et même animales, exigerait un nombre proportionnel de générations ; or, pendant ce temps-là, les femmes seraient toujours obligées d'être, sinon épouses, au moins mères ; ce qui les enferme (et nous avec elles) dans le plus secourable des cercles vicieux.

Que les femmes cessent de se donner, autant que les nécessités de la vie le leur permettent, à leur mari, à leurs enfants, à leur maison, vous verrez bientôt des générations sans moralité, l'amour redescendu à l'état d'une satisfaction brutale des sens, le mariage déprécié pour les soins qu'il impose à la femme, la séduction et la prostitution généralisées, avec leur cortège ordinaire d'avortements, d'infanticides, d'enfants abandonnés. La femme a toujours été l'héroïne de la famille, et, tant qu'elle sera mère, ce sera toujours là le principal centre de son rayonnement. Qu'on songe aux types traditionnels de Pénélope, de Lucrèce, de Virginie, de la mère des Gracques. Aussi l'instruction de la femme, tout en la rendant apte aux professions qui sont en rapport avec les capacités et avec la dignité de son sexe, devrait-elle la préparer avant tout à la vie domestique, à son rôle d'épouse, de mère et d'éducatrice. Il faudrait initier la femme, d'une manière générale, à ce qui constitue le patrimoine intellectuel et moral de l'espèce. C'est surtout pour les femmes que les études devraient être, au sens propre du mot, des « humanités. » Par conséquent la morale, l'éducation, l'hygiène, la littérature, l'histoire, le droit usuel, la musique et le dessin, enfin les grands résultats des sciences joints à leurs applications professionnelles les plus utiles, voilà ce qui répond le mieux à leur tempérament comme à leurs fonctions.

De même que l'instruction des femmes aurait besoin d'être mieux organisée pour épargner à la fois l'ignorance aux unes et une érudition stérile aux autres, de même la condition économique et juridique de la femme est loin de ce qu'elle doit être, de ce qu'elle sera un jour. Nous ne pouvons ici entrer dans le détail de réformes qui soulèvent les plus difficiles problèmes : nous n'avons voulu que poser des principes généraux, dont on ne doit pas tirer précipitamment d'aventureuses conséquences [13]. Dans l'ordre économique, la femme a commencé par être la propriété de l'homme, une sorte d'animal domestique : le Décalogue lui-même la place à côté du bœuf et de l'âne. Aujourd'hui, c'est le régime de la concurrence individuelle qui commence à s'établir entre les sexes, comme il s'est établi entre les individus : *chacun pour soi*. La lutte pour la vie met aux prises les hommes et les femmes, qui se disputent avec une âpreté croissante toutes les professions. Sans doute on ne peut pas créer, au détriment des femmes, un nouveau délit, celui de travail. Il y aurait d'ailleurs des forces perdues pour l'humanité si la femme ne travaillait ni d'esprit, ni de corps. Mais il faut que ces forces soient employées d'une manière conforme aux intérêts et aux relations naturelles des deux sexes, ainsi qu'aux intérêts des enfants et de la race. Nous ne croyons pas que notre régime d'individualisme dissolvant, contraire aux vrais besoins de la famille et de la société, doive être le dernier. Si la coopération et l'association doivent de plus en plus triompher, c'est surtout, semble-t-il, dans les rapports de l'homme et de la femme. Après avoir revendiqué l'égalité des sexes et leur libre concurrence, transition nécessaire à un régime supérieur, espérons que les réformateurs revendiqueront un jour leur union, leur « fraternité, » et mieux encore !

Dans l'ordre juridique, de grandes réformes sont nécessaires et, dès à présent, possibles. Ce n'est pas ici le lieu d'en faire l'énumération. Rappelons seulement que la civilisation d'un peuple peut se mesurer au degré d'humanité et de justice dont les hommes font preuve envers les femmes. Celles-ci, en effet, étant les plus faibles, l'homme n'a guère, pour contenir son propre égoïsme dans ses rapports avec l'autre sexe, que des raisons d'affection et de moralité. Certes, la civilisation ne consiste pas à détruire la nature ni à confondre les fonctions normales de l'homme et de la femme ; mais, ces fonctions étant également nécessaires à l'espèce, les deux sexes doivent avoir des droits et des devoirs, sinon toujours identiques, du moins toujours équivalents. Le sexe féminin ne doit pas « impliquer déchéance. » Chacun sent d'instinct, par exemple, l'équivalence entre l'impôt du sang pour la défense extérieure et les travaux de la maternité pour la conservation et l'éducation de la race. Ici l'identité des fonctions est visiblement impossible, et elle est remplacée par une équivalence de devoirs, qui, d'ailleurs, aurait besoin d'être mieux réglée par la loi. Trouver en tout la balance équitable, assurer partout l'équation entre les devoirs et entre les droits, — dans la famille, par une distribution meilleure du pouvoir et des fonctions ; dans la vie sociale, par une juste extension des droits civils de la femme ; — substituer ainsi progressivement au régime de la sujétion le régime de la justice, n'est-ce pas là un des plus grands problèmes qu'auront à résoudre les sociétés futures ? On tranche beaucoup trop simplement ce problème en disant, avec M. Secretan : « La personne, en tant que personne, est son *but* à elle-même ; toute la question est donc de savoir si la femme est une personne, ou si la femme existe exclusivement pour notre avantage et nos plaisirs. » M. Secretan oublie la famille et la race ; il traite l'homme et la femme comme des unités abstraites, existant chacune pour soi ; il néglige non-seulement la solidarité de l'individu et de la société, mais encore la solidarité des deux sexes. L'homme et la femme, au lieu d'être des personnalités absolument indépendantes, forment déjà un tout naturel ; ils doivent, de plus en plus, former un tout moral et social. L'un ne doit pas être la répétition et le redoublement de l'autre : il en doit être le complément. Et si vous y ajoutez l'enfant, en vue duquel existe l'union de l'homme et de la femme, vous aurez la véritable trinité humaine : trois personnes en une seule.

Notes

1.   Voir Koehler, Pourquoi ressemblons-nous à nos parents ? (Revue philosophique d'avril 1893.)

2.   Voir la Revue du 15 juillet.

3.   Comme exemples, il faut noter les curieuses expériences de Yung sur les têtards, qui, au moyen d'une bonne nourriture, élevèrent la proportion des femelles de 56 à 92 pour 100 ; — le cas typique des abeilles, qui, durant les huit premiers jours de la vie larvaire, par l'addition d'un peu de nourriture et d'une quantité double de corps gras pour les larves de reines, décident des différences si marquantes qui sépareront la reine des ouvrières ; — les expériences de Siebold sur une espèce de guêpes, où augmenta la proportion des femelles du printemps au mois d'août, avec la chaleur et l'abondance de nourriture ; — les chenilles des phalènes et des papillons devenant mâles quand elles sont soumises à la faim ; — les expériences de Girou sur trois cents brebis, dont la moitié, bien nourrie, donna une grande proportion d'agneaux femelles ; l'autre, maigrement nourrie, une grande proportion de mâles ; — enfin, les pucerons de nos rosiers et arbres fruitiers, qui, dans la prospérité de l'été, donnent une succession de femelles capables de se reproduire par parthénogenèse, tandis qu'avec le froid et la disette de l'automne, les mâles reviennent. Dans la « génération alternante, » tour à tour asexuelle et sexuelle, les conditions nutritives favorables déterminent la première, tandis que la seconde se produit dans des conditions moins propices. L'alternance des générations n'est, au fond, qu'un rythme entre la prépondérance de l'intégration et de la désintégration. Dans l'humanité, après une épidémie ou une guerre, les naissances masculines augmentent ; le nombre des garçons varie, d'après Düsing, selon les récoltes et les prix. Le nombre des naissances de garçons est plus grand dans les

pays pauvres que dans les pays riches et dans les villes. — Enfin, dans les deux tiers des grossesses doubles, les jumeaux, obligés de se disputer la nourriture, sont du sexe masculin.

4.   Geddes et Thomson, Evolution du sexe.

5.   Spencer explique aussi par « l'admiration pour la force, » qu'il exagère beaucoup, ce fait bizarre des femmes du peuple affectionnant les maris qui les maltraitent : « S'il me plaît, à moi, d'être battue ! »

6.   Le volume et le poids du crâne ne sont pas tout. D'abord, ils sont en proportion avec le volume et le poids du corps entier (ce dont ni M. Le Bon, ni M. Lombroso ne tiennent compte). En outre, ils sont liés à la quantité du travail intellectuel et musculaire, non à leur qualité, qui s'exprime plutôt dans la complexité des circonvolutions et dans des caractères chimiques ou électriques pour nous insaisissables. M. Le Bon met les Parisiennes « bien au-dessous des Chinoises » pour la capacité crânienne, et il les rapproche des « gorilles. » Nous conviendrons sans peine que les Parisiennes ne se servent guère de leurs muscles et que, dans leur vie trop souvent frivole ou dans leurs travaux plus délicats que pénibles, elles ne font guère de puissants efforts cérébraux ; mais il y a bien d'autres éléments à mettre en ligne de compte. Le cerveau des Polynésiens a une capacité moyenne supérieure de vingt-sept centimètres cubes à celle des Parisiens (hommes) ; cela tient à leur haute stature. Chez les femmes, à une masse organique moindre correspond nécessairement une masse cérébrale moindre. Suivant le docteur Manouvrier, le poids proportionnel du cerveau par rapport au poids et aux dimensions du corps entier est seul intéressant ; or, le poids proportionnel est plus grand chez la femme que chez l'homme. Adhuc sub judice lis est.

7.   Selon M. G. Le Bon, la pénétration féminine est de même ordre « que l'instinct qui dit au singe si l'aliment qu'il tient à la main lui sera utile ou nuisible, à l'abeille quelle est, parmi les formes innombrables qu'elle pourrait donner à son alvéole, celle qui contiendra le plus d'espace avec le moins de dépense de matériaux. » Ayez donc de la finesse ! On vous dira que vous ressemblez aux bêtes. Selon Spencer, la pénétration féminine serait un résultat en quelque sorte adventice des longs siècles de

barbarie pendant lesquels la femme, être plus faible, était obligée de recourir à l'art de deviner, et même à la ruse, pour suppléer à la force corporelle. « La femme qui, à un geste de son mari sauvage, à une intonation, à la physionomie, devinait instantanément la colère naissante, pouvait échapper à des dangers dans lesquels une femme moins habile à interpréter le langage naturel du sentiment se serait précipitée. » De là « des chances de vie supérieures. » C'est vraiment pousser le darwinisme à l'extrême, et la subtilité jusqu'à la naïveté. Qui croira que la finesse féminine soit due à ce que les femmes les plus rusées n'ont pas été tuées ou mangées par leurs maris. Nous touchons ici aux contes d'ogres et de petits poucets. M. Spencer va jusqu'à voir dans cette sélection des âges barbares le germe du « talent psychologique, » de George Eliot. Il résulte de ces origines, dit-il, « une habileté extrêmement remarquable à interpréter les dispositions d'esprit des autres. Nous en connaissons un exemple vivant, qu'aucune femme jusqu'ici n'a égalé, que peu ou point d'hommes ont surpassé. » C'est sans doute aussi, en France, à la brutalité de nos ancêtres sauvages que nous devons les observations psychologiques de George Sand !

8.　　A Londres, dans son rapport de 1893, le vice-chancelier constate qu'un très grand nombre de femmes viennent de passer de brillants examens à l'Université de Londres. Sur 452 étudiants qui se sont tirés à leur honneur de l'épreuve des examens, il y avait 104 jeunes filles. Les étudiantes ont remporté les premiers prix dans six des matières sur lesquelles elles ont été examinées : la science morale, la physiologie, le français, l'anglais, l'allemand et la botanique ; les étudiants ont également été les premiers sur six matières : les classiques, les mathématiques, la chimie, la physique expérimentale, la géographie et le droit.

9.　　Dans les États de l'Est de l'Union américaine (New-York, Kentucky, Kansas, etc.), au Canada, en Angleterre, depuis 1883, dans la colonie anglaise de Victoria, etc., le mariage n'entraîne pour la femme aucune incapacité, en ce qui concerne le droit d'acquérir, de disposer et de contracter. Ses biens sont toujours présumés lui appartenir comme propriété séparée. En Italie, le nouveau code civil de 1866 a établi la séparation de biens comme régime légal du mariage, au lieu de la « communauté de biens » du code Napoléon, qui a paru être, en réalité, la confiscation des biens et des droits au profit d'un seul. Le code russe n'établit aucune confusion entre les patrimoines des époux : la femme peut administrer, aliéner, hypothéquer ses biens sans le consentement de son mari. Le régime de communauté véritable, qui confère aux époux des droits et des prérogatives identiques, est appliqué dans plusieurs États de l'Ouest de l'Union américaine, comme la Californie. Le nouveau code portugais l'a mis en vigueur : les époux ne peuvent agir l'un sans l'autre ; le mari pas plus que la femme ne peut aliéner ou hypothéquer les biens communs sans le concours de l'autre conjoint. Celui des époux qui contracte sans l'assentiment de l'autre ne grève que sa part dans la communauté. Or, dans aucun de ces pays, la femme ne s'est montrée inférieure à sa tâche, ni incapable d'administrer ses biens, ni de mauvais conseil. Tout au contraire, elle a acquis plus de valeur et d'autorité auprès de son mari, qui se trouve disposé à plus d'égards envers elle.

10. Lombroso et Ferrero, la Donna délinquente.

11. Guyau, Vers d'un philosophe, p. 85.

12. Au reste, loin d'être un idéal, il est aujourd'hui prouvé que la parthénogenèse est une reproduction sexuelle dégénérée.

13. Pour comprendre combien la lenteur et la précaution sont ici nécessaires, voyez où aboutissent dans la pratique M. Secrétan et M. Frank, qui, selon nous, passent beaucoup trop vite de principes mal assurés scientifiquement à des applications peu justifiées.

ISBN : 978-1545406212